AF440260

CONGRÈS INTERNATIONAL DES ORIENTALISTES
DE LEYDE.

COMPTE RENDU

PRÉSENTÉ

A LA SOCIÉTÉ ACADÉMIQUE INDO-CHINOISE DE PARIS,

DANS SA SÉANCE D'OCTOBRE 1883,

PAR

M. Aristide MARRE,

SECRÉTAIRE GÉNÉRAL HONORAIRE DE LA SOCIÉTÉ.

PARIS,

GAUTHIER-VILLARS, IMPRIMEUR-LIBRAIRE

DU BUREAU DES LONGITUDES, DE L'ÉCOLE POLYTECHNIQUE,

SUCCESSEUR DE MALLET-BACHELIER,

Quai des Augustins, 55.

1883

CONGRÈS INTERNATIONAL DES ORIENTALISTES DE LEYDE.

COMPTE RENDU

PRÉSENTÉ

A LA SOCIÉTÉ ACADÉMIQUE INDO-CHINOISE DE PARIS,

DANS SA SÉANCE D'OCTOBRE 1883.

MESSIEURS ET CHERS COLLÈGUES,

Le sixième Congrès international des Orientalistes a eu lieu à Leyde, du 10 au 15 septembre dernier ; il a été ce qu'il promettait d'être : *très brillant.*

Le grand nombre des Orientalistes venus des cinq parties du monde (224 présents sur 448 inscrits), l'illustration personnelle de beaucoup d'entre eux, l'importance des Mémoires communiqués et des questions traitées, l'union sympathique des représentants des diverses nationalités et l'hospitalité franche et cordiale des Néerlandais ont assigné au Congrès de Leyde une place exceptionnelle parmi tous ceux qui l'ont précédé. Pour moi personnellement, aucun autre Congrès d'Orientalistes ne pouvait offrir le même intérêt, car à Leyde, la ville universitaire, comme à la Haye, le siège de l'Institut royal des Indes Néerlandaises, comme à l'Exposition coloniale d'Amsterdam, je pouvais me faire une double illusion et me croire en même temps au milieu de Français mes compatriotes et de Néerlandais des Indes Orientales. Vous savez, Messieurs et chers Collègues, qu'il n'est pas rare de rencontrer dans les villes de

Hollande des *malaïsants* et que, dans presque toutes les familles, l'on comprend et l'on parle le français.

Les trois langues officiellement admises dans le Congrès étaient le hollandais, le français et le latin (¹); on pouvait se servir aussi pour les communications de l'allemand, de l'anglais et de l'italien; mais c'est en français qu'ont été rédigés nos bulletins quotidiens, c'est le français qui a été la langue dominante et le plus fréquemment employée pendant toute la durée du Congrès.

Dès le 1ᵉʳ août, plus de 40 orientalistes avaient annoncé des Communications ou Mémoires, savoir : 17 Néerlandais, 7 Allemands, 7 Anglais, 4 Français, 3 Autrichiens-Hongrois, 2 Belges, 1 Norvégien, 1 Russe, 1 Anglais de l'Inde Britannique et 1 Hindou, le grand-prêtre des Parsis de Bombay.

Dans l'intervalle du 1ᵉʳ août au 10 septembre, 1 Anglais de l'Inde Britannique, 4 Français et 1 Italien sont venus grossir cette liste et sont inscrits pour des Communications à faire à la Section aryenne et à la Section africaine (égyptienne) du Congrès.

Il me suffira, Messieurs, de vous dire les noms des membres du Comité organisateur, pour vous donner une juste idée de la science profonde unie à la plus gracieuse affabilité des Orientalistes éminents qui avaient accepté la mission spéciale de diriger nos travaux. Le Bureau se composait de MM. *Kuenen*, président, *Kern*, vice-président, *de Goeje*, secrétaire général, *Tiele*, secrétaire, *Pleyte*, trésorier, et de MM. Land, Leemans, Van der Lith, Oort, Pijnappel, Schlegel, Serrurier, Veth, Vreede et Wijnmalen.

En tête de la liste des 18 membres honoraires du Congrès figurait S. M. Dom Pedro d'Alcantara, empereur du Brésil, Associé étranger de l'Académie des Sciences de l'Institut de France, et avec Elle plusieurs Ministres du Gouvernement de S. M. néerlandaise le roi Guillaume III, les Curateurs et le Recteur de l'Université, le Bourgmestre et les trois échevins de la ville de Leyde et le Bourgmestre d'Amsterdam.

Il serait trop long de donner ici les noms des membres du Congrès; contentons-nous donc de citer leurs pays respectifs : les Pays-Bas, l'Allemagne, l'Autriche-Hongrie, la Belgique, le Danemark,

---

(¹) C'est en 1876, au Congrès de Saint-Pétersbourg, que fut accueillie ma proposition motivée, concernant l'emploi de la langue latine.

l'Espagne, la France, la Grande-Bretagne, la Grèce, l'Italie, le Portugal, la Russie, la Serbie, la Suède et Norvège, la Suisse, la Turquie, les États-Unis d'Amérique, l'Algérie, l'Égypte et la Tunisie, l'Arabie, l'Inde, le Japon, la Perse et la Syrie; les Indes néerlandaises et la Malaisie.

La France était dignement représentée dans ce concours des Orientalistes de toutes les nations, par des membres de l'Institut (Académie des Inscriptions et Belles-Lettres), des professeurs du Collège de France, de l'École Nationale des langues orientales vivantes, de l'École pratique des Hautes Études, et plusieurs orientalistes distingués sans attaches officielles. Mais il convient de donner une mention honorable à l'École des langues orientales vivantes qui, non contente d'avoir composé et publié, en vue du Congrès de Leyde, un magnifique volume de *Mélanges orientaux*, était là, presque au complet : M. Schéfer, Directeur de l'École et professeur de persan, délégué du Gouvernement français ; M. Barbier de Meynard, professeur de turc, délégué du Gouvernement français ; M. l'abbé Favre, professeur de malais et javanais ; M. de Rosny, professeur de japonais ; M. Hartwig Derenbourg, professeur d'arabe, M. Léger, professeur de russe; M. Carrière, professeur d'arménien, et M. Henri Cordier, chargé du Cours de géographie, histoire et législation des États de l'Extrême Orient. Tous ont pris une part active aux travaux du Congrès. Notre Société Académique Indo-Chinoise était représentée par son vénéré vice-président, M. l'abbé Favre, M. Léon Feer, de la Bibliothèque nationale de Paris, et moi.

Le Congrès était partagé en cinq Sections, dont la première comprenait deux Sous-Sections distinctes :

   1. *Section sémitique.*
     a. Arabe et littérature de l'islam.
     b. Autres langues sémitiques, textes et écritures cunéiformes.
   2. *Section aryenne.*
   3. *Section africaine (égyptienne).*
   4. *Section de l'Asie centrale et de l'Extrême Orient.*
   5. *Section de la Malaisie et de la Polynésie.*

Notre collègue, M. Léon Feer, prit rang dans la deuxième Section ; M. l'abbé Favre et moi, nous nous inscrivîmes dans la cinquième Section, vers laquelle nous dirigeaient tout naturellement nos études spéciales. La Section de Malaisie et Polynésie nous rattacha d'ailleurs à elle par le lien solide du devoir et de la reconnaissance; elle constitua son Bureau de la manière suivante :

Président...............	M. l'abbé FAVRE, de Paris,
Premier vice-président.	M. Robert CUST, de Londres,
Second vice-président..	M. Van MUSSCHENBROEK, de Leyde,
Premier secrétaire.....	M. Aristide MARRE, de Paris,
Second secrétaire......	M. HUMME, de la Haye.

Le lundi, 10 septembre, à 10ʰ30ᵐ, eut lieu la Séance générale d'ouverture, dans la grande salle dite *Stads-gehoorzaal*, sous la présidence de M. le professeur Kuenen, de l'Université de Leyde. Son Exc. le Ministre de l'Intérieur, M. *Heemskerk*, au nom du Gouvernement néerlandais, souhaita la bienvenue aux membres du Congrès et fit des vœux pour que le séjour de Leyde leur fût agréable et ne leur laissât que de bons souvenirs. On peut affirmer que les vœux exprimés par son Exc. M. le Ministre de l'Intérieur en termes si courtois ont été pleinement exaucés.

Son Altesse Royale le Prince d'Orange avait écrit pour exprimer son regret de ce que l'état de sa santé ne lui permettait pas de venir en personne manifester sa sympathie pour les travaux du Congrès.

M. le président *Kuenen*, prenant la parole, s'est déclaré doublement fier de ce que la Hollande et la ville de Leyde avaient été choisies pour la tenue du sixième Congrès international des Orientalistes. Il a attribué ce double choix, d'abord à ce que la Hollande est une puissance coloniale et ensuite à ce que la ville de Leyde s'est particulièrement distinguée par les services rendus aux études orientales. Et en effet, Messieurs, si la Hollande occupe une petite place sur la carte de l'Europe, elle en occupe une très grande sur la carte de l'Océanie. Elle est la plus riche puissance coloniale du monde après l'Angleterre; mais, au point de vue de la morale sociale et de la véritable civilisation des peuples, elle l'emporte sur l'Angleterre, parce que son Gouvernement colonial, mettant en pratique les règles de conduite si noblement exprimées par M. *Kuenen* dans son discours, remplit « *le devoir qui s'impose à la métropole de faire porter la lumière de la science jusque dans le dernier recoin des contrées qui lui sont confiées.* » Quant aux services rendus aux études orientales par l'illustre Université de Leyde, ils remontent à 1575, l'année de sa fondation, et personne de vous n'ignore que ses nombreux professeurs, dans toutes les branches de l'orientalisme, sont justement célèbres en Europe.

Je ne vous parlerai point des travaux des autres Sections, j'y suis resté forcément étranger, et d'ailleurs les Actes du Congrès, qu'on imprime en ce moment, vous les feront bientôt connaître. Voici les titres des Mémoires qui ont été lus à la cinquième Section (Malaisie et Polynésie).

1° M. PIJNAPPEL......... *Over de wortelwoorden in de Maleische taal* (Sur les racines dans la langue malaise.)

2° M. VREEDE......... *Over de wortelwoorden in de Javaansche taal* (Sur les racines dans la langue javanaise).

3° M. VAN DER LITH.... *Sur l'importance du Livre des Merveilles de l'Inde.*

4° M. KERN............ *De verhouding van het Mafoersch tot de Maleisch-polynesische talen* (Des rapports du Mafoure avec les langues malayo-polynésiennes).

M. VON DER GABELENTZ fait sur la langue Mafoure quelques observations auxquelles réplique M. KERN.

5° M. ARISTIDE MARRE.. *Aperçu philologique sur les affinités grammaticales et lexicologiques du malgache avec le javanais, le malais et les autres principaux idiomes de l'archipel indien.*

M. l'abbé FAVRE, M. KERN et M. HUNFALVY, de l'Académie des Sciences de Budapest, font d'intéressantes remarques, relatives à diverses données fournies par ce Mémoire.

6° M. HUMME.......... *L'influence de la langue javanaise sur le caractère et la civilisation du peuple.*

7° M. LONG........... *On the importance and the best mode of collecting the proverbs and folklore in the dutch, russian and english settlements in the East.*

Après lecture faite par M. Long de son Mémoire, M. le Président mentionne le recueil des proverbes malais publiés par l'un de nos plus savants collègues, M. Klinkert, et ceux qu'il a donnés lui-même, dans son Dictionnaire malais-français. M. Humme mentionne également un recueil spécial de proverbes javanais dû à M. Keiser. M. le vice-président Van Musschenbroek, le Pandit Chiamâdji Krichnavârma, M. Leitner, Recteur du Collège Oriental de Lahore, et M. Gustave Oppert, professeur à Madras, proposent que le Congrès soit invité à demander à chacun des Gouvernements qui possèdent des colonies dans l'Orient, et aux diverses Sociétés orientales, de recueillir et de publier tous les proverbes et chants populaires indigènes, pendant qu'il est encore temps de le faire.

8° M. Matthes......... *Einige Eigenthumlichkeiten in den Festen und Gewohnheiten der Makassaren und Buginezen* (Quelques particularités caractéristiques dans les fêtes et coutumes des Makassars et des Bouguis).

M. Juynboll, de Delft, fait observer, à propos d'une des cérémonies funèbres dont vient de parler M. le Dr Matthes, qu'elle se retrouve absolument la même chez tous les peuples musulmans, et notamment en Egypte.

9° M. Wijnmalen ...... *Frederik de Houtman, voornamelijk als taalkundige* (Frédéric de Houtman, considéré surtout comme linguiste).

Frédéric de Houtman, le frère et le compagnon du véritable fondateur du commerce et de la puissance des Néerlandais dans les Indes Orientales, fut astronome et linguiste. En 1603, à son retour de Sumatra, il publiait à Amsterdam un petit volume composé de deux parties distinctes : 1° Recueil de mots et de dialogues en malais et en malgache ; 2° Catalogue de 304 étoiles circumpolaires australes qu'il avait observées dans Sumatra. Il y a deux ans je traduisis en français et remis au jour ce catalogue d'étoiles, devenu introuvable, et je reçus à cette occasion de l'éminent professeur Veth une lettre qui commence ainsi : « *En restituant à un homme de mérite l'honneur qui lui est dû, vous avez en même temps* revendiqué pour ma patrie un des titres de gloire qui lui appartiennent, mais qui était oublié en partie par sa propre négligence (¹). » Peu de temps après, M. Veth lui-même publiait dans les Mémoires de la Société de Géographie d'Amsterdam une intéressante Notice intitulée : *Iets over de verdiensten van Frederik de Houtman als Sterrekundige* (Quelques mots sur les services de Frédéric de Houtman comme astronome).

Grâce donc à M. Veth et à M. Wijnmalen, Frédéric de Houtman sera désormais mieux connu et plus justement apprécié, comme astronome et comme orientaliste.

10° M. VETH............ *Observations sur les noms malais des plantes, notamment sur la différence entre les noms généraux et spéciaux, qui doit être la base de l'arrangement d'un dictionnaire botanique.*

Cet important Mémoire n'a pu malheureusement être lu dans l'une de nos séances, à cause d'un deuil de famille qui venait de frapper le savant auteur, et de l'état de fatigue où l'avait mis son immense travail d'organisation de l'Exposition internationale coloniale d'Amsterdam.

Il nous tarde de pouvoir le lire dans le Recueil des Actes et Mémoires du Congrès.

11° M. SCHNELLENBACH a envoyé de Berlin un écrit ayant pour titre : *Die Spuren der Wanderung einer alten Kultur aus Hochasien über Polynesien nach Amerika* (Les vestiges de la migration d'une antique culture de la Haute Asie, à travers la Polynésie, jusqu'en Amérique).

Tels sont les Mémoires qui ont été lus ou présentés à la 5ᵉ Section du Congrès (Malaisie et Polynésie).

Dans la 4ᵉ Section (Asie centrale et Extrême-Orient), aucun travail n'a été produit sur l'Annam, la Cochinchine, le Cambodge,

---

(¹) Cette lettre a été lue à l'Académie des Sciences par mon illustre ami, M. Yvon Villarceau, membre de l'Institut, du Bureau des Longitudes et Astronome de l'Observatoire de Paris; elle a été insérée dans les *Comptes rendus des séances de l'Académie des Sciences*, t. XCV, p. 982, 983.

le Siam et la Birmanie ; c'est un motif de plus, Messieurs et chers Collègues, pour que je fasse un pressant appel à la Société académique indo-chinoise et l'exhorte à s'attacher avec ardeur et persévérance à ces études si pleines d'avenir et trop peu cultivées jusqu'à présent.

Pendant toute la durée du Congrès, le ciel a été si beau, la température s'est maintenue si douce, le soleil si radieux, que les professeurs de l'Université de Leyde, rappelant la devise *Ex Oriente lux*, prétendaient plaisamment que c'étaient les Orientalistes qui avaient amené avec eux ce soleil printanier. La ville tout entière était pavoisée de drapeaux tricolores néerlandais, mais surtout le *Rapenburg*, quartier de l'Université, et la *Breestraat* (rue large), l'artère principale de la cité. C'est dans cette belle rue que se trouvent l'Hôtel-de-Ville, le Musée d'antiquités, la *Minerva* des étudiants (*Virtus, Concordia, Fides*), le Musée ethnographique, le cercle *Amicitia*, la grande salle dite *Stads-Gehoorzaal*, la maison du *Rijnland*, où l'on avait fait une exposition orientale des plus curieuses à l'intention des membres du Congrès, et les hôtels Levedag, Central, Verhaaf, etc., tous remplis d'étrangers, malgré la généreuse et large hospitalité des notables habitants de la bonne ville de Leyde et particulièrement des professeurs de l'Université.

Chacun des jours de cette session a été marqué de la double empreinte du travail et du plaisir.

Dès le lundi soir il y avait réception des membres du Congrès par les autorités municipales de la ville de Leyde dans le *Zomerzorg ;* on y applaudissait un excellent discours en français du bourgmestre, M. de Laat de Kanter, ancien officier de marine, et une réponse charmante de finesse et de bonhomie, également en français, de notre président, M. Kuenen ; puis, dans les jardins éclairés *a giorno*, la soirée se terminait gaiement par un concert et un lunch.

Le mardi soir, dans les mêmes jardins du Zomerzorg, un magnifique concert était donné par la Musique royale des grenadiers et chasseurs de la Haye, et tous les membres du Congrès y étaient invités par M. Couvée.

Le mercredi, un train spécial, parti de la gare de Leyde à 6ʰ15ᵐ du soir, portait tous les membres du Congrès à la Haye, à la halte dite : *Laan-van-Nieuw-Oost-Ende*. De là on se rendait pédestrement au Pavillon du Bois, appartenant au cercle nouveau ou littéraire. Sous les grands arbres, autour du pavillon occupé par le maestro Vollmar et le corps royal de musique des grenadiers et chasseurs, on prenait place à une cinquantaine de tables rustiques ; des feux de Bengale illuminaient le paysage pendant que les échos répétaient la délicieuse musique du *Sakountala*, de Goldmark et de morceaux choisis de Mendelssohn, Verhulst, Buijssens, Liszt, Strauss et Dunkler.

A 10ʰ30ᵐ, le concert finissait et l'on se rendait à travers les longues allées du bois, par le plus beau clair de lune, jusqu'à l'Institut royal des Indes néerlandaises. Là nous attendaient les membres de l'Institut en résidence à la Haye ; le sympathique Sécrétaire général, M. *Wijnmalen*, nous souhaitait la bienvenue dans un discours aimable et chaleureux, auquel répondait notre président, M. Kuenen. Toasts et rasades des vins les plus généreux de France se succédaient au milieu de la gaieté de tous. Enfin il fallut quitter l'Institut, et à 11ʰ30ᵐ un train spécial ramenait tous les excursionnistes à Leyde.

Le lendemain jeudi, la journée tout entière était réservée pour Amsterdam. A 9ʰ30ᵐ du matin, un train spécial emportait tout le Congrès vers la capitale de la Hollande. A la descente du train, nous montâmes à bord de trois petits bateaux à vapeur qui stationnaient au *Brouwersgracht*, et nous traversâmes ainsi lentement, et comme triomphalement, la Venise du nord, jusqu'au palais de l'Exposition. Là, M. *Pels*, vice-président de la Commission, dans un chaleureux et spirituel discours en français et d'allure toute parisienne, fêtait l'arrivée du Congrès de Leyde et faisait les honneurs de cette merveilleuse Exposition coloniale avec une courtoisie et une grâce parfaite.

Le soir, à l'Hôtel de Ville, M. Van Tienhoven et ses échevins recevaient les membres du Congrès ; des discours en français étaient prononcés par M. le Bourgmestre et par M. Kuenen, des toasts fraternels étaient portés, le champagne coulait à flots comme dans la matinée à l'Exposition coloniale ; l'animation la plus cordiale régnait dans les salons de l'Hôtel de Ville ; mais à 11ʰ30ᵐ, heure fixée pour le départ d'Amsterdam, nous étions à la gare et nous revenions à Leyde.

Le lendemain de cette visite à l'Exposition internationale d'Amsterdam, le *Bulletin officiel des Séances du Congrès* s'exprimait ainsi : « *C'est avec un vif plaisir que nous constatons la belle réussite* de ces intermèdes, qui ont si agréablement varié les occupations du Congrès. Tout a concouru à ce résultat, la chaleureuse cordialité de la réception faite au Congrès dans la résidence et dans la capitale, la belle humeur des excursionnistes et les faveurs d'un ciel radieux. »

Le vendredi soir, un splendide banquet rassemblait 221 convives dans la grande salle du *Stads-Gehoorzaal,* toute décorée de fleurs, d'arbustes, de plantes exotiques et pavoisée de drapeaux de toutes les nations. J'eus l'honneur et l'avantage d'être placé entre un magistrat municipal qui est un véritable homme d'État, M. Bool, l'un des trois échevins de la ville de Leyde, et l'un des plus savants professeurs de la Hollande, M. le Dr Niemann, de Delft. De nombreux discours furent prononcés en hollandais, en anglais, en allemand, en latin, etc., mais surtout en français, et ces derniers par M. le président Kuenen, Son Excellence M. le Ministre de la Guerre, M. le Bourgmestre de Leyde, M. Schéfer, délégué de notre gouvernement, et M. l'échevin Bool.

M. Robert Cust, premier vice-président de la Section de Malaisie et Polynésie, ayant demandé la parole, il se produisit alors un incident, que le *Bulletin officiel,* n° 6, relate ainsi : « M. R. Cust, ayant obtenu la parole, rappelle que beaucoup de choses peuvent être internationales. Parfois il y en a de mauvaises. Heureusement il y en a d'excellentes. Parmi les plus excellentes se trouve la Science, représentée par le Congrès. Mais il y en a une encore plus noble que nous pouvons aussi représenter : c'est la bienfaisance internationale. L'orateur propose de l'exercer en faveur des victimes de l'éruption du volcan de *Krakatau.* Aussitôt quelques-unes des aimables jeunes demoiselles qui se trouvent sur la galerie avec leurs mamans s'empressent de descendre dans la salle pour se charger de l'office de quêteuses. La somme recueillie par elles ajoutera un beau souvenir à ceux que le passage du Congrès laissera dans ce pays. Sur la proposition du Président, le contenu des corbeilles sera remis au nom du Congrès à M. le Bourgmestre de Leyde. » La somme ainsi recueillie par nos charmantes quêteuses s'est élevée à 2000 francs, et j'ai la satisfaction de pouvoir vous assurer, sans commettre d'indiscrétion, que la quote-part de chaque Français a dépassé de beaucoup la moyenne indiquée par ce chiffre total.

Pendant le banquet, un autre incident s'est produit, qui témoigne de l'intérêt réel que porte le gouvernement néerlandais aux progrès des études orientales : M. de Bruijn Kops, le très sympathique secrétaire des Curateurs de l'Université, reçoit un télégramme de Son Excellence M. le Ministre de l'Intérieur, et M. le Président s'empresse d'annoncer que la belle collection de manuscrits arabes apportés du Caire par le cheikh Amîn al Madâni vient d'être acquise en faveur de l'Université. Toute l'assistance applaudit à cette bonne nouvelle et partage la joie du D^r Du Rieu, le savant et habile directeur de la Bibliothèque modèle de l'Université de Leyde.

A la suite de nombreux toasts en toutes langues, voici, Messieurs et chers Collègues, celui qu'à mon tour je portai d'un cœur tout français :

« MESSIEURS DU CONGRÈS,

» Le pays qui nous donne son hospitalité fraternelle occupe une grande place dans l'Histoire, une place d'honneur parmi les nations qui savent conquérir et défendre leur indépendance. Vous connaissez tous son glorieux passé.

» Les Néerlandais, de nos jours, sont en possession d'une double souveraineté : ils sont les maîtres de l'Europe savante dans le vaste domaine de la Philologie, de l'Histoire et de la Géographie océaniennes ; ils sont les maîtres et en même temps les instituteurs et les éducateurs des peuples de l'archipel indien. La première de ces deux souverainetés, ils l'exercent avec la plus bienveillante courtoisie. Ils s'acquittent des graves devoirs que leur impose la seconde, en hommes fermement convaincus que « *les fonctionnaires des Indes néerlandaises ont charge d'âmes, et qu'ils doivent administrer la justice aux indigènes comme de bons et vigilants pères de famille* ».

» La Néerlande a donc le droit d'être fière de son passé et de son présent. Elle sera pleine d'espérances en son avenir, si elle porte ses regards sur cette jeunesse studieuse et patriotique, intelligente et respectueuse, qui peuple sa florissante Université de Leyde et ses autres Écoles.

» Messieurs les Néerlandais, dans l'œuvre de votre passé, dans l'édification de vos destinées futures, il est juste d'attribuer une part à vos mères, à vos femmes et à vos filles.

» Avec le plus profond respect, je porte un toast à vos compagnes si dignes et si dévouées, je bois à la santé des *Dames de la Hollande!* »

Le lendemain du banquet, le samedi à 1^h3o^m, avait lieu la séance générale de clôture, toutes les sections réunies, sous la présidence de M. Kuenen. M. de Goeje, secrétaire général, soumet à l'Assemblée la proposition suivante : « Que le Congrès émette le vœu que, dorénavant, les savants qui seront empêchés de se rendre en personne au *British Museum* de Londres, puissent être mis à même de consulter dans leur propre pays les manuscrits dont ils auront besoin pour leurs études, sous les conditions de garantie que MM. les Trustees jugeront nécessaires; que l'Assemblée autorise le Conseil à soumettre ce vœu à MM. les Trustees du *British Museum,* à prier ceux-ci, au nom du Congrès, de le prendre en bienveillante considération, et à solliciter leur puissante intervention auprès du Gouvernement britannique en faveur de la réalisation de ce vœu. » Des applaudissements prolongés accueillent cette proposition d'un esprit vraiment libéral et l'Assemblée l'adopte comme sienne par acclamation et à l'unanimité. Dans cette dernière séance, il a été décidé que la session prochaine du Congrès international des Orientalistes aura lieu, en 1886, à Vienne (Autriche).

M. le président Kuenen, avant de prononcer la clôture de la 6e Session, nous adresse un discours d'adieux émouvant et sincèrement ému, dans lequel il fait ressortir l'utilité de ces réunions biennales internationales des Orientalistes, dont il se plaît à saluer en M. de Rosny l'heureux et bien inspiré fondateur. « *Cette utilité se trouve,* dit-il, *dans l'échange personnel de vues entre les savants dans les séances des sections; c'est là ce que l'on voit. Il y a en outre ce que l'on ne voit pas et qui est plus éminemment utile encore : les rapports de confraternité qui s'établissent entre les représentants de la haute culture venus de tous les coins du monde.* » Après avoir remercié le Congrès « *de la*

*manière dont ses fonctions lui ont été facilitées et du bon vou-
loir dont il a été l'objet* », le digne Président, d'une voix vibrante
d'émotion, nous a dit à tous : « *Au revoir! à Vienne!* »

M. le Bourgmestre de Leyde, M. le D\ Van Geer, recteur de
l'Université, et M. Ch. Schéfer, se faisant les interprètes des sen-
timents de toute l'Assemblée, ont adressé des remerciements bien
mérités au Comité d'organisation du Congrès et tout particulièrement à M. le Président.

Dans la soirée de cette journée, qui devait être la dernière d'une
session si bien remplie, le 4ᵉ régiment d'infanterie donnait un
concert dans le jardin du cercle *Amicitia* des Étudiants de Leyde,
et tous les membres du Congrès y étaient invités. Bien que l'on
s'occupât déjà des préparatifs du départ, bon nombre de membres
y assistèrent, et les Français purent s'y convaincre, une fois encore, des franches sympathies que les Hollandais témoignent en
toute occasion à la France.

Tel a été, Messieurs et chers Collègues, le 6ᵉ Congrès international des Orientalistes, tenu en septembre 1883 dans la ville de
Leyde. Il aura produit d'excellents fruits et laissera des souvenirs ineffaçables à tous ceux qui ont eu l'honneur d'y prendre
part.

Aristide Marre.

9361 Paris. — Imprimerie de Gauthier-Villars, quai des Augustins, 55.